LA VÉRITÉ

SUR

L'INSURRECTION

DU DÉPARTEMENT

DE LA HAUTE-GARONNE.

LA VÉRITÉ

SUR

L'INSURRECTION

DU DÉPARTEMENT

DE LA HAUTE-GARONNE,

AVEC DES NOTES JUSTIFICATIVES.

PAR LE C^{en} HINARD,

Ex-Fonctionnaire public à Toulouse.

———

A PARIS,

Chez DENTU, Imprimeur-Libraire, Palais-Égalité galeries de bois, n.° 240.

═══

NIVÔSE AN VIII.

LA VÉRITÉ

SUR

L'INSURRECTION

DU DÉPARTEMENT

DE LA HAUTE-GARONNE.

Il faut enfin déchirer le voile qui a couvert tant d'iniquités: il faut que le Gouvernement, que toute la France apprécie à leur juste valeur des hommes, qui, sous prétexte d'une insurrection dont ils avoient été les instrumens, ont plongé le département de la Haute-Garonne dans le deuil et le désespoir.

Si l'imposture la plus criminelle a dicté aux orateurs du Corps législatif, tout ce qu'ils ont effrontément débité à la tribune sur les troubles du midi; si des journalistes stipendiés ou trompés, ont répandu dans toute la République des détails mensongers sur ce terrible évènement, qu'ils s'empressent d'ef-

A

facer des pages de leurs écrits , tout ce qu'elles présentent de contraires à cette notice. Assez et trop long-tems des hommes couverts de crimes, ont abusé de leur crédit et de leur pouvoir; le tems des considérations est passé; nous ne sommes plus sous le poignard des factieux ; le jour de la justice nous éclaire, c'est sous ses auspices que nous allons dire la vérité toute entière.

Il n'est que trop certain que les *Jacobins de Paris* comme ceux de *Toulouse*, ne veulent aucune espèce de Gouvernement. Lorsque leur pensée les reporte vers ces tems affreux, où la France entière étoit couverte de bastilles et d'échafauds, où les couronnes civiques étoient particulièrement décernées aux dénonciateurs et aux pillards, leur ame que le remords n'a pas encore atteint, et qu'il n'atteindra jamais, sourrit au souvenir déchirant de tant d'horreurs, et en desire ardemment le retour. Sûrs de l'impunité, ils insultent ouvertement aux magistrats et aux lois, qui n'ont ni la force ni la volonté de les réprimer. De là , l'oppression des citoyens et les assassinats même juridiques (1); de là, le desir bien formel, de ne souffrir dans les fonctions publiques, que des hommes qui leur sont entièrement dévoués, et d'en éloigner ceux qui ont assez de courage pour les arrêter dans leurs coupables écarts (2); de là enfin, tous les désordres qui affligent depuis si long-tems la commune de *Toulouse*.

Ici je crois entendre les partisans et les puissans protecteurs de la bande scélérate des coupe-jarrets de cette malheureuse cité, crier au mensonge, à l'imposture, et préconiser la pureté des principes des frères et amis de Toulouse. *Destrem* sur-tout que dévore une ambition effrénée, oubliant toutes les amertumes dont il fut abreuvé par les frères et amis, pour avoir écrit contre eux en mille sept cent quatre-vingt-douze, et persistant de plus fort dans ses exécrables projets, prendra hautement leur défense : je m'y attends. Eh bien ! que *Destrem* détruise, s'il le peut, les faits que ma plume va tracer, je le préviens d'avance qu'ils sont tous basés sur des pièces matérielles déposées dans les cartons des différens ministres, qu'il a trompés sur les causes et les suites de l'insurrection de la Haute-Garonne. Il pourra encore consulter les registres des différens tribunaux de Toulouse ; et si ces preuves ne suffisent pas, nous lui mettrons sous les yeux, les entrailles encore palpitantes des milliers de victimes que les Jacobins et leurs régulateurs ont sacrifiées, en faisant insurger le département le plus attaché à la cause sainte de la liberté.

Mais avant d'entrer en matière, nous croyons indispensable de faire connoître la composition et la conduite de certaines autorités constituées de Toulouse.

Et d'abord les six juges de paix de cette commune, sont les chefs bien déclarés des anarchistes, et conséquemment des bâtonneurs et coupe-jarrets, qui la compriment depuis si long tems (3) : la majeure partie d'entre eux ne doit sa nomination qu'à la terreur qui précéda la tenue des assemblées primaires des années cinq, six et sept, et qui en éloigna les vrais amis de l'ordre et de la félicité publique (4). Ceux de ces derniers qui eurent l'imprudence, ou plutôt le courage de se rendre aux assemblées, en furent chassés à coups de bâtons (5). Si *Destrem* conteste ces faits, on le renverra aux procès-

verbaux déposés au secrétariat de l'administration centrale du département, et au
greffe du tribunal civil, ou dans les bureaux
des Ministres de la justice et de l'intérieur.
C'est ainsi que furent élus les C.ens *Fabié* et
Vignaux, le premier, juge de paix du second
arrondissement, et le dernier, juge de paix du
cinquième. Il y a plus, c'est qu'on accusa le
C.en *Fabié* d'avoir ouvert chez lui l'urne où
étoient déposés les bulletins, et dont il étoit le
dépositaire. Voici comme cela fut découvert.
Lorsqu'on eut fait dans sa section le dépouille-
ment du scrutin, il se trouva que le C.en Fabié
avoit réuni tous les suffrages, à l'exception
de neuf; alors on réclama contre le C.en Fabié,
et soixante voix s'élevèrent pour l'accuser
d'avoir, de concert avec celui qui avoit été
nanti du sceau, ouvert l'urne, et d'avoir, non
pas supprimé des bulletins, mais d'en avoir
substitué d'autres à la place de ceux qui y
avoient été déposés la veille. En effet il ne se
trouva que neuf voix en faveur du C.en *Cau-
mont* pour être élu juge de paix; tandis qu'il
devoit s'y en trouver plus de soixante. Les
réclamans ne furent pas écoutés, le C.en *Fabié*
fut audacieusement proclamé juge de paix;

il fut néanmoins dressé procès-verbal des faits par les réclamans, qui est déposé au tribunal civil ; un double en fut envoyé au Ministre.

Quels actes pouvoit-on attendre de la part de pareils juges? Certes, aucuns. Aussi vit-on bientôt après leur installation, les scènes révolutionnaires recommencer, les vols et les assassinats impoursuivis (6); des procédures soustraites à la surveillance du Directeur du jury (7); des huissiers attachés aux justices de paix se faire payer par les receveurs de l'enregistrement, des frais que les parties avoient déja soldés (8); des mandats d'emmener, et même d'arrêt, qui n'avoient d'autre fondement que le caprice et le desir de nuire (9); des réquisitionnaires déserteurs remplir publiquement et en titre les fonctions de secrétaires-greffiers dans les justices de paix (10); des jugemens dictés par la plus coupable prévention et par la seule volonté d'une bande de coupe-jarrets (11).

D'un autre côté le greffe du tribunal correctionnel, avant le 16 ventôse dernier, étoit dans le plus grand désordre. Un nommé *Garrigues,* commis-greffier-principal, y commandoit avec un despotisme qui n'a pas d'exemple : il étoit tout-à-la-fois directeur du jury, commissaire du Directoire et greffier. Aucun jugement n'étoit mis à exécution que par son ordre, à moins qu'il n'atteignît quelque citoyen qui ne fût pas Jacobin bien prononcé; dans ce cas les huissiers faisoient leur devoir avec une sévérité inouie, dans la crainte d'être destitués (12). Les juges de paix de l'arrondissement ne faisoient plus depuis long-tems le dépôt au greffe de leurs jugemens; et ce n'étoit que quand il leur plaisoit que les commissaires du Directoire près les administrations municipales, faisoient connoître la situation de leur canton à leur collègue près le tribunal correctionnel (13). L'*agent Forestier* portoit dans ses états de frais, payables par *interim* par la République, le double de ce qu'il déboursoit effectivement; et pour tout dire enfin, l'on ne voyoit constamment figurer, même dans le jury spécial d'accusation, que des hommes tarés dans l'opinion publique, et auxquels chaque citoyen pouvoit redemander un père, un fils, une mère (14). Voilà le tableau fidèle, mais foible encore, de la situation de Toulouse, relativement aux juges de paix, et aux travaux

du greffe du tribunal de police correction-
nelle (15).

Cependant les destitutions opérées par
l'ex-Directoire exécutif dans le mois de pluviôse dernier, avoient enfin rendu en partie
la sécurité aux habitans de Toulouse. Le
commissaire nommé au tribunal correctionnel
en remplacement du C.ᵉⁿ *Souchon*, avoit tout
fait rentrer dans l'ordre. Les perturbateurs du
repos public, quoique soutenus et protégés
par la majorité des membres de l'administration municipale et par les juges de paix,
se renfermèrent dans leurs obscurs repaires.
Les plaintes pour fait d'assassinat, et que la
partialité du juge avoit laissées impoursuivies,
furent retirées de la poussière du greffe pour
être instruites et jugées. Il fut fait des dili-
gences pour faire réintégrer le greffe de la
direction du jury des procédures, que certains juges de paix n'avoient pas cru devoir
y déposer, pour ne pas être pris à partie, soit
à cause du vice, soit à cause de la partialité
de l'instruction. Les huissiers ne réclamèrent
du receveur de l'enregistrement, que les
sommes qui leur étoient dûes; les juges de
paix ne s'exposèrent plus à voir annuller

leurs mandats-d'arrêt faute de délit. Les secrétaires-greffiers des juges de paix, qui se trouvoient réquisitionnaires ou déserteurs, furent contraints de rejoindre leurs drapeaux. Enfin, dans le résumé des causes portées devant le tribunal correctionnel, le commissaire mettoit, autant qu'il étoit en son pouvoir, les juges dans l'impossibilité de s'écarter de la justice.

D'ailleurs, la majeure partie des jugemens arriérés furent mis à exécution ; l'arrêté du Directoire du 4 frimaire an 5, fut observé dans toutes ses dispositions par les commissaires près les administrations municipales ; il fut porté plainte contre l'agent Forestier, et l'on ne vit plus dans le jury-spécial d'accusation, l'immoralité prononcer sur la fortune et la vie des citoyens ; ceux qui composoient le jury-spécial d'accusation, quelle que fût l'opinion de l'accusé, de quelque nature que fût le délit dont il étoit prévenu, ne furent désormais choisis que parmi les vrais républicains, les propriétaires et les pères de famille. Les procès-verbaux de tirage du sort, établissent incontestablement cette vérité.

Mais tant d'ordre et de zèle ne pouvoient plaire aux juges de paix accoutumés à substituer leur caprice à la volonté des lois, et ils auroient donné sans doute en grande partie leur démission (16), si l'ordre du tableau du tribunal civil du département n'eût appelé à la direction du jury de Toulouse, le C.en *Trebos.*

Le 15 floréal dernier vit donc renaître dans le cœur des juges de paix et des anarchistes, qu'ils protègent, l'espérance de reprendre impunément le cours de leurs injustices. On avoit voulu prévoir ce malheur; et déja le 21 germinal précédent, le Ministre de la justice avoit été prévenu du danger qu'il y avoit à craindre pour la tranquillité publique, si ce juge devenoit directeur du jury, à Toulouse (17). Toutes les démarches qu'on fit à cet égard, furent inutiles; et l'homme, qui peu de tems auparavant avoit été traduit devant les tribunaux comme prévenu de vol, fut chargé pendant six mois des fonctions les plus importantes de l'ordre judiciaire (18).

Les craintes qu'on avoit conçues sur le compte du C.en. Trebos se réalisèrent. A

peine fut-il installé dans sa nouvelle place,
que les juges de paix levèrent une tête al-
tière, et vexèrent de nouveau les citoyens (19).
La salle d'audience du tribunal correctionnel, fut encombrée de bâtonneurs, dans les
gestes desquels les juges lisoient les jugemens
qu'ils devoient rendre. Ainsi l'on vit les délits les plus graves, considérés comme des
actes de vertu, et l'innocence gémir dans les
cachots. Les greffiers du tribunal correctionnel, qui par arrêté du Directoire du 13
pluviôse dernier, avoient été destitués comme
anarchistes, furent réinstallés dans leurs
fonctions (20). Le commissaire de l'ex-Directoire exécutif fut enfin désigné au poignard
de ceux contre lesquels la loi et son devoir
l'avoit obligé de sévir (21). Mais le désordre
devint bien plus général, lorsque les citoyens
Caissel, ex-procureur, *Barrau*, cordonnier
de *Rieux*, et *Desbarreaux*, artiste et ex-
directeur du nouveau théâtre à Toulouse,
furent installés administrateurs du département, à suite du procès-verbal d'une faction
de l'assemblée électorale se disant assemblée
mère. Ce fut alors que le renversement de
tout principe fut général à Toulouse. La

terreur fut si grande, que la portion la plus aisée des habitans quitta la commune, et alla chercher la paix et la sûreté loin de ses murs qu'habitoient tous les maux à-la-fois.

Ces administrateurs, qui quelques mois auparavant avoient été destitués de cette même place, comme protecteurs déclarés des ennemis de tout ordre social, se vouèrent sans réserve à la volonté suprême des factieux, et les favorisèrent ouvertement. Je dis qu'ils les favorisèrent ; parce que c'est favoriser un parti que de ne pas le frapper, lorsqu'il est désobéissant aux lois, et qu'il ose en dicter aux citoyens qu'il tient sous le joug.

Cela posé, que l'administration centrale nous dise ce qu'elle a fait pour faire cesser l'état de contrainte et d'oppression, dans lequel vit la très-grande majorité des habitans de Toulouse, principalement depuis le premier prairial dernier, jour de son installation. A-t-elle fait droit sur les plaintes qui de toutes parts ont frappé ses oreilles ? A-t-elle chassé de ses bureaux cette horde d'anarchistes, qui a poussé l'impudence jusqu'à lui donner des lois (22)? A-t-elle averti le Gouvernement que la municipalité de Toulouse, sans cesse entourée de tout ce qu'il y a de plus vil et de plus méprisable dans la société (23), renferme dans son sein tous les germes de la révolte contre le Gouvernement et contre les lois (24)? A-t-elle veillé à ce que le cercle constitutionnel se renfermât dans les bornes que lui traçoient la Constitution et le bonheur de tous? Ah! ne nous attendons pas de sa part à une réponse satisfaisante. Quelle délicatesse peuvent apporter dans leurs fonctions, des hommes qui n'ont pas rougi d'accepter les places d'administrateur du département, déférées par une assemblée dont les premières opérations furent commandées avec indécence, par une poignée de factieux! Et si l'on vouloit contester le fait, que le jour de la formation des bureaux de cette assemblée, les galeries n'influencèrent pas le travail, je l'établirois par un jugement du tribunal correctionnel, qui condamna pendant la tenue même de l'assemblée électorale, un nommé *Branque*, dit *Toulouse*, à un emprisonnement, à une amende, et aux dépens du procès, pour avoir, en sortant de cette assemblée, avec d'autres forcenés Jacobins, insulté une patrouille à cheval, appelée pour en protéger les délibérations. Une expédition en forme de ce jugement, est entre les mains des Ministres de la justice et de l'intérieur. Nous conviendrons néanmoins que cette assemblée fit quelques bons choix.

Mais leur plan étoit arrêté : en acceptant leur nomination, leur desir dans ce moment étoit moins tourné vers les honneurs que vers la vengeance, le Gouvernement les avoit frappés; ils vouloient essayer de le frapper à leur tour (25). Et il n'est que trop vrai que tout ce qui les entoure, les accuse d'être la cause première du malheur commun, et notamment de l'insurrection de la Haute-Garonne. C'est ce que nous allons prouver.

Depuis long-tems le cercle constitutionnel de Toulouse manifestoit les principes les plus désorganisateurs. (26) Qu'avoit-il à craindre? Il renfermoit dans le nombre de ses membres, la majorité des administrateurs du département et de la commune. Tout ce qui se tramoit contre la liberté, étoit d'avance approuvé par les autorités constituées. La plupart des fonctionnaires publics qui avoient l'honneur d'être du cercle, faisoient partie des comités établis dans son sein au mépris des lois les plus précises, jusques-là qu'on les vit applaudir avec la dernière indécence, à une proposition faite au cercle par le citoyen *Anouilh*, se disant dans l'ancien régime *marquis* de *Salies*, et qui ne tendoit à rien moins qu'à envoyer une adresse à tous les départemens de la République, pour les engager à se fédéraliser contre le Gouvernement et contre le Corps législatif, qu'il accusoit de conspirer contre la liberté. *Anouilh* prétendoit que c'en étoit fait de la République et des républicains, si une convention nationale et un comité de salut public ne venoient les sauver ; il s'offrit pour rédiger l'adresse.

Ceci se passa dans une des séances de la seconde décade du mois de messidor dernier. L'ex-marquis *Anouilh* ne fut pas généralement approuvé ; sa proposition fut néanmoins prise en grande considération, et renvoyée à une commission spéciale. Dès ce moment on pensa sérieusement à Toulouse, à secouer le joug de toute autorité légitime ; on poussa même le délire jusqu'à accuser de foiblesse les auteurs du 3o prairial (27).

Cependant la commission nommée pour

l'examen des mesures proposées par *Anouilh*, fit son rapport, et il fut décidé par le cercle en masse, non pas qu'il seroit fait une adresse aux départemens pour se fédéraliser, mais qu'on exprimeroit au Corps législatif le vœu d'une grande mesure pour sauver la patrie, et que notamment on lui témoigneroit toute la peine qu'éprouvèrent les patriotes de Toulouse, en apprenant que le C^en *Sieyès* n'avoit pas été enveloppé dans les mesures de salut public. Je ne sais pas si cette adresse eut lieu; mais tout ce qu'il y a de bien vrai, c'est que le *cercle de Toulouse* en délibéra une semblable, le 21 brumáire dernier (28). Il est bien vrai encore que le principal desir du cercle, étoit alors comme à présent, la création d'une convention nationale, des comités de salut public et de sûreté générale, et de toutes les institutions révolutionnaires.

Pour parvenir à ce but, tant desiré par les frères et amis, les meneurs du cercle savoient qu'il y avoit un préalable à remplir, sans lequel leur plan pourroit bien échouer. Ce préalable étoit de faire déclarer la patrie en danger, et pour cela il falloit des motifs; et

des insurrections ménagées dans les départemens , remplissoient leurs vues. On va voir
que les *Jacobins de Toulouse* s'acquittèrent
fort bien de leur commission.

Si nous en exceptons quelques soulèvemens
qui s'étoient manifestés, il y avoit déja long-
tems , dans les communes de *Castanet* ,
Montrejeau et Saint-Nicolas-de-la-Grave ,
contre la gendarmerie nationale , à raison
des conscrits, le département de la Haute-
Garonne avoit joui de la plus parfaite tranquillité. Il falloit trouver un moyen pour la
troubler ; les Jacobins fertiles en ressources,
en eurent bientôt fait naître plusieurs. D'a-
bord ils abattirent les arbres de la liberté
dans différentes communes du département,
et notamment à *Montastruc , Bruyères ,
Castanet , Lanta* ; ils substituèrent des *croix*
à la place, et accusèrent ensuite les royalistes de ces délits. Pusieurs plaintes furent portées contre ces derniers ; mais il ne résulta
de l'instruction rien de positif contre eux ; au
contraire, de l'ensemble des procédures on
croyoit apercevoir la main criminelle qui
avoit commis le sacrilège, et le juge ne pouvoit l'atteindre. Dans certaines communes,

dès que le délit fut connu , les royalistes ,
ou du moins ceux qu'on désignoit pour tels,
demandèrent eux - mêmes la poursuite des
coupables. On n'a jamais eu contre eux que
de sémi - preuves ; et des sémi - preuves ne
suffisent pas pour opérer des condamna-
tions (29).

Ayant échoué dans ces premières tentatives,
le *cercle* délibéra le 9 thermidor dernier, d'envoyer des commissaires dans quelques chefs-
lieux de canton, pour y organiser les sociétés
populaires; de manière que l'anniversaire du
jour qui vit tomber la tête du plus infâme des
hommes, et avec elle, les bastilles et la hache
des bourreaux, fut consacré par les Jacobins de
Toulouse, à relever l'édifice, ou du moins à
tenter de rouvrir la caverne infernale, d'où
partirent tant d'arrêts de mort.

En vertu donc de leur commission, et le
lendemain 10 thermidor, il partit de Toulouse
douze anarchistes bien prononcés (30), qui
se repandirent dans les campagnes pour y
remplir leur mandat. Une poignée de Jacobins campagnards attendoient de pied ferme
dans les cantons, les commissaires du cercle,
non pas qu'ils fussent prévenus ce jour-là pré-

cisément de leur mission, mais ils s'y attendoient depuis long-tems, ayant eux-mêmes provoqué la mesure.

Pour cette fois encore, leurs courses furent sans effet; car au moment où ils voulurent procéder à l'organisation projetée, la majorité des habitans des cantons qu'ils vouloient, disoient-ils, régénérer, *Blaignac* excepté, leur déclara qu'elle ne souffriroit pas la réouverture de l'antre d'iniquités; qu'elle préfère mourir plutôt que de vivre sous la verge de fer d'une société populaire.

En conséquence, les commissaires furent obligés de se retirer au milieu des huées et des malédictions; mais si, d'un côté, ils cédèrent au peuple nombreux qui pressoit leur départ, d'un autre côté ils lui promirent de revenir sous peu de jours bien accompagnés pour remplir leur mission. Ces promesses furent faites avec tant d'assurance, que les malheureux cultivateurs crurent qu'il étoit indispensable pour leur propre sûreté, de se mettre en mesure de défense, en cas d'attaque; pour cet effet, plusieurs cantons se fédéralisèrent.

Nous avions omis de dire que l'envoi des

commissaires du cercle dans les campagnes, avoit été précédé par celui de plusieurs pelotons de gardes nationaux, faisant partie de la colonne mobile de Toulouse, qui, sous prétexte de presser le départ des conscrits, se répandirent dans les campagnes, et y commirent les excès les plus répréhensibles. Les plaintes qui furent portées à cet égard, devant les juges de paix, attestent ce fait ; si on vouloit le contester, j'invoquerois le témoignage des juges de paix de Castanet et de Montgiscard, qui en reçurent pour fait de vol.

Ainsi on s'étudioit par toutes sortes de moyens à faire soulever les paisibles laboureurs, qui pouvoient d'ailleurs être portés naturellement à la révolte, par des principes innés de fanatisme.

Enfin, le mot est donné : le même jour, dix-neuf thermidor, des émissaires Jacobins arrivent de toutes parts à Toulouse, et certifient l'administration centrale du département, que toutes les campagnes sont sous les armes ; que les insurgés ont des chevaux et de l'artillerie ; qu'il leur vient des renforts considérables de tous cotés ; qu'ils ont pris telle et telle position ; que si l'on n'envoie pas de prompts secours pour exterminer les rebelles, il n'y a nul doute que Toulouse ne tombe en leur pouvoir dans les vingt-quatre heures ; que leur cri de ralliement est *vive le roi*, qui est imprimé en toutes lettres sur leurs cocardes blanches. Mais, si à cet égard ils disoient la vérité, pourquoi ne pas la dire toute entière ? Pourquoi taire les faits les plus essentiels, et notamment celui-ci, quoiqu'il fût authentique ?

« Que depuis deux jours les Jacobins de
» Toulouse et des campagnes, jouant le
» rôle de royalistes, parcourant les chau-
» mières, avoient fait insurger eux-mêmes
» leurs tranquilles habitans, en les assurant
» qu'il n'y avoit plus de République ; que les
» honnêtes gens avoient enfin eu le dessus ;
» que *Louis XVIII* venoit d'être couronné
» à *Lyon* ; et qu'en leur distribuant des
» cocardes blanches, ils leur assignoient en
» même-tems un lieu de rasssemblement,
» en cas d'attaque de la part des républi-
» cains. »

Je suis certain que pas un rapport ne parloit de ceci, quoique les envoyés à l'administration centrale en fussent très-bien instruits ; car ils ne pouvoient pas ignorer qu'un fonctionnaire public du canton de St.-Sulpice-sur-Leze, adroit et infatigable Jacobin, n'eût parcouru toutes les communes de son canton, les 16 et 17 thermidor, portant une cocarde blanche à son chapeau, et criant *vive le roi*. Ainsi les paysans insultés, menacés, volés et trompés ensuite sur l'existence de la contre-révolution, furent conduits d'erreur en erreur par des violences inouies, et anéantis ensuite par le canon, qu'alluma la même main qui leur avoit donné le signal de la révolte.

A la nouvelle de l'insurrection, la consternation fut à son comble chez les véritables amis du repos public et des lois. Chacun court aux armes : l'épouse arme son époux, le père arme son fils, la sœur son frère : dans ce mouvement spontané, on voit dans les mêmes rangs toutes les opinions confondues, on ne respire que pour sauver la patrie, qu'on croyoit réellement en danger, parce qu'on ignoroit la cause du soulèvement. On vouloit la sauver, en dépit du cercle qui se déclare en permanence ;

comme si on eût dû attendre du bien d'une société qui étoit elle-même en insurrection permanente, et l'auteur visible du malheur qui menaçoit la sûreté publique.

Déjà l'on brûle de se mesurer avec l'ennemi commun : mais, comme l'intérêt des Jacobins ne pouvoit pas se trouver dans un rappel trop précipité de la sécurité parmi les citoyens, on n'envoya d'abord que de petits détachemens, qui vinrent s'offrir d'eux-mêmes et dont on étoit sûr. Leur première sortie fut signalée par le pillage et l'incendie (31).

A la vue de la force armée et des fléaux qui l'avoient devancée, les habitans de *Lanta* réunis à d'autres cultivateurs, voulant garantir leurs vies et leurs propriétés, se soulevèrent et opposèrent la simple défense à l'attaque la plus inattendue. Le détachement qui avoit marché sur eux, fut repoussé avec perte de trois hommes, et sa retraite sur Toulouse ajouta à la terreur panique qui s'étoit emparée de tous les esprits qui n'étoient pas dans le secret.

D'un autre côté, l'alarme devint aussi générale dans les cantons soulevés : on répandit le bruit parmi les cultivateurs, que Toulouse marchoit en masse sur eux avec des canons, pour les détruire eux et leurs paisibles demeures. Alors, ils abandonnèrent le sol qui les avoit vu naître, et formant soit à dessein, soit involontairement de petites bandes, ils cherchent un asile qui les arrache à la mort qui les poursuit. Ils sèment, sans le vouloir, la terreur sur leur passage, et bientôt les campagnes sont couvertes d'une foule de petites armées, sans pain, sans munitions, sans canons, et presque toutes sans armes, encore ceux qui étoient armés, n'avoient que des fusils de chasse (32).

C'est dans cette douloureuse position que ces prétendus rebelles furent mitraillés de toutes parts, et détruits en majeure partie ; c'est par l'effet de cette alarme que les habitans de *Saint-Loup*, de *Saint-Agne*, et de *Saint-Orens*, abandonnèrent leurs champs et se retirèrent sur les côtes de *Pui-David* (33), où sans prendre d'autres renseignemens que ceux que dictent la passion et le désir de se rendre célèbres par des crimes, les Toulousains les cernèrent et en firent un carnage affreux. Très-peu se sauvèrent, trois cents tombèrent sous le canon à mitraille. Les campagnes des environs de Toulouse ne sont habitées aujourd'hui que par le deuil et la misère!

Ces malheureuses victimes eurent beau demander grace, et assurer le soldat prêt à les frapper qu'ils ne se révoltoient pas, que la peur et les bruits d'une invasion prochaine de leurs champs, les avoient seuls portés à fuir leurs habitations, à délaisser leurs femmes et leurs enfans, ils furent immolés sans pitié; sa rage fut telle que le fils du C.[en] *Audouy*, ex-municipal, recommandable par son civisme et sa probité, fut assassiné presque sous les yeux de sa femme, dans le temps qu'il alloit à sa maison de campagne, située dans la commune de *St.- Agne*. Qu'on ne dise pas-que ces tableaux ne sont pas exacts, et qu'on ne tira sur les paysans réunis sur le coteau de *Pui-David*, que parce que ceux-ci, comme on a osé l'a-vancer, avoient tenté de s'emparer de Tou-louse. Il est de toute fausseté qu'il ait été fait aucune tentative à cet égard : je vais le demontrer mathématiquement.

S'il étoit vrai, ainsi que l'ont assuré Portes et Destrem à la tribune du Corps législatif, et après eux plusieurs journaux , que cette masse de paysans essaya de s'emparer de Toulouse, il faudroit nécessairement supposer ces paysans armés ; car ce seroit le comble du délire, que de vouloir s'emparer d'une ville toute entière sous les armes, sans avoir les moyens d'attaque : or, il est de fait que les paysans qui furent si gratuitement assassinés sur les côtes de *Pui-David*, n'étoient pas armés. Ceci se prouve par lui-même : ou les paysans rassemblés à Pui-David étoient armés, ou ils ne l'étoient pas ; s'ils n'étoient pas armés, ils n'ont pas pu avoir l'intention de faire du mal ; la peur pouvoit les avoir réunis , et conséquemment ils ont été assassinés. S'ils étoient armés, ils étoient en révolte ouverte : alors on a pu on a dû même faire feu sur eux ; et si trois cents de leurs ont mordu la poussière , leur mort est une suite du droit de la guerre, ou d'une mesure repressive, tolérée, commandée même par les lois. Dans ce dernier cas, le vainqueur a dû dépouiller le vaincu de ses armes ; il a dû nécessairement s'emparer de ses munitions, de ses chevaux, de son artillerie : tout cela a dû être fait en vertu du droit du plus fort. Eh bien ! où sont les fusils, les chevaux, l'artillerie et les munitions de trois cents hommes fusillés et mitraillés à *Pui-David ?* Dans quel dépôt a-t-on mis leurs dépouilles ? Répondez, autorités constituées de Toulouse ; vous, commandant de la force armée, chargé de repousser les insurgés de *Pui-David*; vous tous enfin qui avez parlé de cette journée terrible avec tant d'assurance; montrez-nous un seul sabre, un seul fusil trouvé sur le champ de bataille ? Il y a plus : nommez-nous un seul toulousain qui ait péri par les mains des paysans à *Pui-David* : si, comme vous l'avez dit, l'on fut obligé de repousser la force par la force, il y eut nécessairement un combat dans toutes les règles : il doit donc y avoir eu des morts de part et d'autre. Parlez : faites disparoître par des faits cette vérité constante que la journée de Pui-David fut un vrai assassinat, qui devoit vous servir d'échelon pour parvenir à ceux que je vais décrire (34).

La canonnade de *Pui-David* se termina par une atrocité qui n'inspire pas moins d'horreur. Lorsque la force armée rentra dans la commune de Toulouse, et vers les sept heures du soir, un citoyen, ou pour mieux dire un monstre qui en faisoit partie, voyant dans la grande rue de Toulouse et sur la porte de sa maison un homme qui ne partageoit pas ses opinions, lui tira un coup de fusil et le tua. La procédure n'a jamais été instruite, et elle ne le sera jamais à Toulouse, parce qu'il faudroit punir un frère et ami.

Mais pendant que d'autres troupes portent ailleurs l'épouvante et la mort, et notamment à Montgiscard, dont les habitans sont égorgés jusques dans leurs maisons (35), rendons compte d'un fait qui prouvera jusqu'à l'évidence que l'insurrection étoit commandée, et qu'on ne voulut pas en arrêter les progrès, lorsqu'il étoit facile de le faire : ceci nous donnera lieu de parler des pillages et des assassinats que les colonnes toulousaines commirent à l'île Jourdain, département du Gers.

Il y avoit déja trois jours que le soulèvement de quelques cantons étoit connu à Toulouse, lorsque le commissaire près le tribunal correctionnel, établi dans cette dernière commune, reçut avis que dans la nuit du 22 au 23 thermidor, la commune de Colomiès, distante de Toulouse d'une lieue, devoit s'insurger et se porter sur Blaignac, chef-lieu de canton, distant de Toulouse d'environ trois-quarts de lieue. Ce commissaire donna de suite connoissance de cet avis au commissaire-central, et l'invita de prendre des mesures pour rassurer la commune de Blaignac. Eh bien! le croira-t-on, le C.^{en} Lamagdelaine, commissaire-central, ne fit aucune diligence; il ne fit pas le moindre préparatif pour garantir la commune de Blaignac, que trente hommes auroient sauvée, tandis que deux mille hommes armés étoient depuis la veille sur la place de la Liberté, n'attendant que le signal pour partir.

Cependant l'insurrection eut lieu dans la nuit désignée; les registres de l'administration municipale et tous les papiers du secrétariat furent brûlés; tout ce qui se trouva dans le greffe du juge de paix fut également incendié, ainsi que la majeure partie des registres et autres objets qui se trouvèrent dans le bureau du commissaire du Directoire près l'administration municipale. Enfin les insurgés forcèrent plusieurs habitans paisibles de se joindre à eux sous peine d'être fusillés sur-le-champ. Si le C.^{en} Destrem et ses pro-

tégés les Jacobins de Toulouse, veulent s'assurer de la vérité de ces faits, ils peuvent se
rendre dans les bureaux du Ministre de la
justice, ils y trouveront les pièces justifica-
tives sous la date du 23 thermidor, qui lui
furent envoyées le lendemain de l'insurrection
de Colomiès, par le commissaire du Directoire exécutif près le tribunal correctionnel.

Peut-on trouver une preuve plus certaine
que le commissaire-central, que le département ont protégé l'insurrection dans son
principe et dans ses progrès, pour se rendre
ensuite plus importans aux yeux du Gouvernement par les difficultés qui naquirent de
leur coupable stupeur ; je dis le département
et le commissaire, parce que l'un et l'autre
eurent connoissance du projet d'insurrection
de la commune de Colomiès, puisque la lettre
du commissaire près le tribunal correctionnel
fut remise le 22 thermidor à trois heures de
relevée au C.^{en} Barrau, administrateur en
l'absence du commissaire ; que le C.^{en} Barrau
la lut en présence du porteur, lui en fit le
reçu, et la remit un instant après au commissaire-central.

Le département étoit donc prévenu de

l'insurrection prochaine de la commune de Colomiès ; il pouvoit donc l'empêcher, s'il l'eût voulu, trente hommes eussent suffi. S'il ne l'a pas fait, il a à se reprocher la mort des citoyens Lanes et Labacalerie, habitans de Blaignac, qui viennent d'être exécutés militairement à Toulouse, comme ayant fait volontairement partie des rebelles ; tandis qu'ils seroient encore au sein de leurs familles, si l'insurrection de Colomiès n'eût pas eu lieu, parce que Lanes et Labacalerie furent du nombre de ceux que les insurgés de Colomiès forcèrent de marcher avec eux (36).

Ce ne fut que le lendemain 23 dudit, et vers les onze heures du matin, qu'il partit de Toulouse dix-huit cents hommes bien armés, et avec des canons, pour aller à la poursuite des insurgés de Colomiès, ayant à leur tête le général Aubugeois qui commandoit à Toulouse à la place du général Pinon, qui n'étant pas l'ami des anarchistes, fut pour cette raison changé de division, à la demande du département, après le 30 prairial. Le C.^{en} Destrem pourroit rendre compte des démarches qu'il a faites pour y parvenir (37).

Il n'est pas hors de propos de dire en passant, que le général Aubugeois avoit été déja destitué, ou du moins réformé deux fois, à cause de ses principes révolutionnaires.

Ce fut donc sous le commandement d'un tel général, que l'armée toulousaine marcha contre les insurgés ; mais les insurgés avoient disparu, et avoient été grossir à Plaisance, Fonsorbes, Saint-Lis et Muret, l'armée des fédérés. Qu'on ne pense pas que le général dirigea ses forces vers le lieu de leur rassemblement ; au contraire, oubliant que c'étoit là son unique tâche, il conduisit de son pur mouvement sa troupe dans un département étranger (38) ; et dans la commune de l'Ile-Jourdain, où sous prétexte que les insurgés y avoient trouvé asile, il fit tirailler sur tout ce qui avoit figure humaine, dans les champs, dans les vignes, jusques dans les maisons même, et finit par livrer la ville au pillage. Personne ne fut épargné : le royaliste comme le républicain fut pillé et assassiné. Enfin, l'avidité des pillards fut si grande, qu'un d'eux se porta à poignarder une femme grosse de sept mois, parce qu'elle lui avoit refusé les clefs de ses armoires ; et cette atrocité a été

impunie jusqu'à ce jour, et le général Aubugeois n'en a pas fait faire justice sur-le-
champ ; mais il pilloit comme les autres :
personne ne peut servir deux maitres à-la-
fois (39).

On est étonné sans doute de voir un général
conduire sans ordre ni mandat, même sans
motif légitime, dix-huit cents hommes dans
un département étranger, et y livrer tout au
pillage et à la mort : mais cet étonnement
cessera lorsque j'aurai rappelé au lecteur le
motif et la cause de l'insurrection. Le département du Gers étoit tranquille, les lois et
les autorités y étoient respectées; il falloit y
porter le trouble. Comment auroit-on pu
déclarer la patrie en danger? Il n'y a point
d'effet sans cause : le législateur *Destrem*,
très-heureusement congédié, connoissoit cet
axiôme, dont nous avons eu le bonheur d'é-
viter l'application pour cette fois.

Ainsi gorgés de sang et de butin, les
soldats d'Aubugeois quittèrent la commune
de l'Isle-Jourdain, et se rendirent le 25 thermidor, dans celle de Gimond, et y exposèrent
en vente hors la ville (car les habitans ne
voulurent pas les recevoir) les effets dont

ils avoient si cruellement dépouillé les habitans de l'Isle. Là, l'on vit cette troupe affa-
mée d'or, vendre à des acquéreurs peu déli-
cats, et au plus bas prix, les effets les plus
précieux : des robes de mousseline brodée et
de satin neuves furent vendues six francs
pièce; et sans réfléchir que des couverts d'argent et des montres en or avoient une valeur
intrinsèque, les pillards de l'Isle vendoient
pour douze francs pièce seulement, les plus
superbes couverts : des montres en or guil-
lochées ne furent vendues que trente-six fr.

Tout cela se passoit sous les yeux du général
Aubugeois, qui attendoit la commodité de sa
troupe pour se remettre en marche; tandis
que la guerre civile s'organisoit sur les points
du département de la Haute - Garonne, et
notamment dans les cantons de Martres et
de Muret, que le département avoit jusques-
là livrés à leur propre défense. Ce ne fut que
le 26 qu'il marcha sur Muret, à la tête d'une
force armée mal organisée, qui pour ne pas
risquer de perdre le butin qui lui restoit
encore, ou l'argent qu'elle avoit retiré de
celui vendu à Gimond, refusa d'attaquer les
insurgés qui s'y étoient fortifiés. Elle prétexta

la fatigue et le défaut de vivres : mais la première raison ne devoit rien valoir aux yeux du général, parce que la troupe n'avoit fait que huit lieues de marche dans l'espace de trente-six heures; et le second prétexte étoit d'autant plus mal fondé, qu'outre que les vivres ne manquoient pas, c'est que Toulouse n'étoit qu'à trois lieues de là, et que quelques heures auroient suffi pour l'alimenter, si les vivres avoient manqué. Dans cette circonstance il faut rendre justice au général Aubugeois; il vouloit réparer trois jours perdus dans les excès le plus atroces, et s'emparer d'assaut de la commune de Muret : mais son courage ne fut pas imité, il fallut bon gré, malgré, revenir à Toulouse, où sa troupe et lui firent leur entrée aux vives acclamations des frères et amis. Cependant en différant le siége de Muret, c'étoit donner le tems aux insurgés de s'y rendre plus redoutables; c'étoit perdre pour toujours l'occasion de s'assurer des chefs de l'insurrection, dont le point de ralliement étoit dans cette commune; c'étoit enfin douter du succès de l'attaque, et conséquemment de ses propres forces.

Sur ces entrefaites et pendant qu'on temporisoit à Toulouse, arriva le général *Come*, qui commandoit à Perpignan. Sa présence rassura les bons citoyens sur le sort de la prochaine campagne. Instruit des écarts abominables dans lesquels s'étoient jetés Aubugeois et sa troupe à l'Ile-Jourdain, il organisa lui-même les bataillons qu'il devoit commander; et au moment qu'ils alloient se mettre en marche, il leur dit : « Mes camarades, « nous allons combattre les ennemis de la « République et les nôtres. Je vous demande « de l'obéissance aux ordres que je vous « donnerai, sur-tout je ne veux point de « pillards. Je vous préviens que le premier « qui aura la bassesse de s'oublier et de porter « une main coupable sur la propriété « d'autrui, je le traduirai devant un conseil « militaire (40). » Après cette courte harangue, il marcha sur Muret; mais il étoit évacué. Les insurgés infestoient déja depuis la veille, toute la partie méridionale du département, et la firent mettre en insurrection.

Ainsi, tandis qu'on délibéroit à Toulouse sur la manière d'attaquer Muret, au lieu de faire repartir, le lendemain de la rentrée d'Aubugeois, des hommes et des canons pour réduire cette place qu'on avoit laissée au pouvoir des insurgés, pendant assez de tems pour qu'ils puissent s'y fortifier, toute la partie du midi s'insurgea, et ne fut bientôt qu'un vaste camp. D'après cette conduite de la part des autorités constituées, n'est-il pas facile de juger qu'elles vouloient laisser prendre de la consistance à l'insurrection, afin qu'elle gagnât les départemens environnans?. Quel autre but pouvoient-elles avoir, en laissant pendant six jours Muret au pouvoir des insurgés? Sans doute elles ne pensoient pas que ceux-ci abandonneroient eux-mêmes leur entreprise; on les avoit trop aigris dans le principe, pour qu'ils s'y déterminassent. Le pillage, l'incendie et le massacre ne sont pas des amorces assez flatteuses pour rappeler des citoyens, la plupart égarés, aux institutions républicaines.

Il fallut donc envoyer des troupes dans presque tous les cantons du midi du département, qui après beaucoup de fatigues et de dangers, repoussèrent tout ce qui avoit survécu aux différents combats, jusques sur les terres du roi d'Espagne. Un nombre immense de prisonniers furent faits et conduits dans les prisons de Toulouse, pour être jugés par les commissions militaires.

Je tire le rideau sur les assassinats juridiques qui se commettent chaque jour à Toulouse, sans que les commissions elles-mêmes s'en doutent, parce qu'elles ont fait leur devoir lorsque les débats leur ayant présenté des coupables, elles ont appliqué l'article de la loi qui a prévu le délit. Mais combien il auroit été essentiel de connoître dans ces affaires, la moralité des témoins; et comment a-t-elle pu être connue des juges étrangers, que l'esprit de parti n'a pas manqué d'entourer et de prévenir ?

Si j'avois sous mes yeux les différens cahiers des déclarations faites dans chaque affaire, j'offrirois de prouver au Gouvernement, à toute la République, que la majeure partie des témoins ont joué un rôle distingué sous le régime de la terreur, qu'ils ont été, pour le plus grand nombre, membres des comités de surveillance ou révolutionnaires; qu'ils sont actuellement membres du cercle, ou qu'ils correspondent avec le cercle.

Enfin, je pourrois avancer sans craindre de me tromper, qu'ils sont tous frères et amis,

et que devant les juges , ils n'ont fait que
répéter la leçon qu'on leur a faite. Quels
témoignages peut-on attendre de pareils
hommes !

Ce n'est pas que je veuille innocenter tous
ceux qui ont été condamnés par les commissions militaires; je sais que de grands coupables ont subi la peine due à leurs forfaits.
Les chefs de l'insurrection , ceux qui après
les premiers jours de la troisième décade de
thermidor, profitant du soulèvement, ont en-
couragé les timides laboureurs à la révolte
et se sont mis à leur tête, au lieu de les porter à la paix et à l'obéissance, ceux-là étoient
coupables : la loi les a justement frappés.
Mais les pauvres cultivateurs, les malheureux ouvriers que la force ou la peur ont
arrachés à leurs travaux , ceux-là, à mon
avis, n'ont pas dû être considérés comme ayant
péché avec intention ; ils n'auroient pas dû
être condamnés. Par exemple, ce seroit dif-
ficilement qu'on me persuaderoit que Lanes
et Labacalerie, cultivateurs de la commune
de Blaignac, étoient coupables du délit qui
a servi de base à leur condamnation. Pour
être coupable d'un délit, il faut l'avoir com-

mis avec intention de nuire ; et certes, je ne
vois pas que ces deux victimes eurent l'intention de s'insurger, parce qu'elles suivirent
forcément, dans la nuit du 22 au 23 thermidor, des insurgés qui les menacèrent de les
tuer s'ils ne se joignoient à eux. Si l'avis que
donna le commissaire du Directoire exécutif
près le tribunal correctionnel à son collègue
près l'administration centrale du département, le 22 thermidor, eût été écouté, ces
deux infortunés seroient encore chez eux, l'un
à soulager par son travail une mère infirme,
et l'autre à jouir des caresses de son épouse
et de ses enfans.

Pour achever de prouver que l'insurrection de
la Haute-Garonne ne doit son existence qu'au
jacobinisme, qu'une trop longue paix inté-
rieure déconcertera toujours, établissons que
la cocarde que portoient les insurgés, étoit
la même que celle que portoient quelques
Jacobins, pendant et avant l'insurrection,
sur laquelle on lisoit *vive le roi*.

D'abord il est notoire qu'un fonctionnaire
de Saint-Sulpice-sur-Lèze portoit à son
chapeau, en parcourant les communes de
son canton, une pareille cocarde. Ce fonc-

tionnaire est un frère et ami. Mais voici un fait bien plus puissant encore , et qui jette le dernier jour sur cette trame odieuse. Il est puisé dans un écrit du citoyen Ribet, ex-commissaire du Directoire à Martres.

L'administration du département, soit que les communications fussent interceptées, soit pour tout autre motif, laissa près de dix jours le canton de Martres et autres environnans à leur propre défense. Dans le péril extrême où se trouvoient ces cantons, cernés de tous côtés par les insurgés, on rassembla dans la commune de Martres, comme point central des autres cantons menacés , une force de 1800 hommes, dont la majeure partie étoit armée. Pour faire mouvoir ces hommes et les organiser, il falloit un commandant. En conséquence l'administration municipale de Martres, nomma pour remplir cet objet , un nommé Etienne Barthier, recommandable en jacobinisme, qui avoit servi à l'armée des Pyrénées orientales en qualité d'adjudant-général, et qui se trouvoit réformé. Nous n'entrerons pas dans le détail de ses opérations d'organisation de sa troupe; mais nous dirons seulement qu'après les preuves les plus

complètes de son ignorance dans l'art militaire, soit dans la formation des bataillons ,
soit dans la distribution de la force armée,
il finit par mener à la boucherie la portion
d'hommes dont il s'étoit réservé le commandement, qu'il appeloit sa colonne du centre,
et qui fut taillée en pièces sous le port du
château de la Terrasse près Carbonne, par
une poignée d'insurgés qui s'y étoient retran-
chés.

La consternation fut générale à Martres.
Cette défaite inattendue jeta l'alarme parmi
les bons citoyens, que Barthier s'efforça néanmoins de rassurer. Barthier, passant pour
chaud patriote, on ne pouvoit pas l'accuser
de trahison. Il promit que les insurgés seroient battus le lendemain; il donna en conséquence les ordres nécessaires pour se tenir prêts
à marcher contre eux. Ses discours, la bonne
volonté de la troupe, tout contribua à calmer
les esprits.

Les choses étoient en cet état, lorsque le
même soir, soupant chez le Cᵉⁿ Bellecour,
un des officiers s'aperçut que Barthier avoit
à son chapeau une cocarde sur laquelle on
lisoit en toutes lettres : *vive le roi.* Cet offi-

cier lui dit : Mon général, quelle cocarde portez-vous ; on y lit *vive le roi* ? En effet, on prit son chapeau, et chacun des convives lut *vive le roi*. L'excuse de Barthier fut qu'il avoit cette cocarde à son chapeau depuis 1791. On ne fut pas la dupe de la défense de Barthier. Sa cocarde expliqua la défaite de sa colonne du centre, et sa fuite encore davantage ; car le lendemain de la querelle de la cocarde, il disparut. Ce brave militaire est, à ce qu'on dit aujourd'hui, membre de l'état-major de Toulouse.

Il n'est donc pas douteux que les chefs des insurgés correspondoient avec les frères et amis, puisque leur cocarde et celle de ces derniers portoient la même devise. On dit même, mais je ne l'assurerai pas, que ce Barthier dont nous venons de parler, avoit eu une entrevue avec Rougé, l'un des chefs des insurgés. A toutes ces preuves nous ajouterons cette réflexion : Pourquoi des départemens du midi, celui de la Haute-Garonne s'est-il seul insurgé ? et pourquoi l'insurrection ne fut-elle pas arrêtée dès sa naissance, comme il étoit facile de le faire ?

Avant de se jeter dans le vaste champ des

conjectures, je prie le lecteur de se rappeler les efforts que fit le cercle de Toulouse, pour organiser les sociétés populaires dans les campagnes ; les désordres dans lesquels étoient tombées avant cette époque les différentes autorités constituées de Toulouse, le tribunal civil excepté ; les vols commis dans les cantons par une force armée, se disant commandée pour faire partir les conscrits ; le propos tenu par Desbarraux, administrateur du département, lorsqu'on lui dit après le 1.er prairial dernier, qu'il alloit être de nouveau destitué ; les conciliabules qui se tenoient journellement chez le président de cette administration ; le refus du directeur du jury de déférer au réquisitoire qui lui fut fait par le commissaire, à l'effet de se transporter sur les lieux mêmes où les arbres de la liberté avoient été coupés, pour y informer, sans désemparer, contre les auteurs de ces délits ; la réinstallation des greffiers du tribunal correctionnel par ce même directeur du jury ; les propositions d'*Anouilh* au cercle ; la réintégration par l'administration municipale des commissaires de police dans leurs fonctions, après avoir été destitués.

comme coupe-jarrets, quelques mois auparavant ; le choix que fit cette même municipalité du C.en Deneville, destitué par arrêté
du Directoire, pour occuper une place d'administrateur vacante ; le désarmement fait
dans les campagnes, quelques jours avant
l'insurrection; le silence de presque tous les
commissaires près les municipalités, sur la
situation de leur canton; le rappel du général
Pinon, parce qu'il étoit ami de l'ordre; l'envoi du général Aubugeois à Toulouse, pour
commander à sa place, et auquel chaque
pensée doit reprocher un crime ; les conciliabules de *Destrem* à Paris, et sa correspondance avec les frères et amis de Toulouse;
le silence coupable de l'administration centrale du département, sur la moralité de
certaines autorités, et notamment sur l'existence d'un cercle en pleine contre-révolution;
la persévérance de ces administrateurs à em-
ployer dans leurs bureaux le rédacteur d'un
journal qui sème par - tout le trouble et la
révolte ; la proclamation de la loi sur les
ôtages, au bruit des décharges d'artillerie; les
incursions dans les campagnes, où des Jacobins empruntant le masque du royalisme,

trompoient les habitans sur l'existence de la
contre - révolution et le couronnement d'un
roi à Lyon , et les excitoient à se soulever
pour le défendre ; les pillages et l'incendie
dans le canton de Lanta ; les mitraillades de
Pui-David sur les misérables paysans, sans
armes et sans pain ; la mort d'un malheureux
père de famille tué sur la porte de sa maison
dans la grande rue de Toulouse, par un des
assassins venant de Pui-David ; le refus du
commissaire-central et du département, d'é-
couter l'avertissement qui leur fut donné le
22 thermidor, par le commissaire du Directoire près le tribunal correctionnel , sur les
dispositions de la commune de Colomiès à
l'égard de celle de Blaignac ; les débordemens
de toute espèce dans lesquels se vautrèrent à
l'Isle - Jourdain le général Aubugeois et sa
troupe , qui y égorgea jusqu'à des femmes
grosses ; la sécurité dans laquelle vécurent
pendant plusieurs jours les autorités constituées de Toulouse, pendant que Muret étoit
au pouvoir des insurgés, et auxquels ils don-
nèrent le tems de grossir leur parti et de se
mettre en mesure de défense, tandis que les
bataillons de Toulouse portoient le ravage et

la mort dans un département étranger ; la cocarde trouvée au chapeau du C.^{en} Barthier, commandant les républicains à Martres, sur laquelle on lisoit *vive le roi ;* l'affreuse boucherie qui fut faite des hommes qu'il commandoit ; la destitution de tous les commissaires du Gouvernement qui étoient républicains, et qui avoient donné mille fois des gages de leur zèle et de leur dévouement à la chose publique, et remplacés aujourd'hui par l'ignorance et le jacobinisme les plus outrés , ou pour mieux dire, par les ennemis bien prononcés de toute espèce de Gouvernement (41); la publication des lois des 18 et 19 brumaire dernier, par un simple huissier ; et enfin les propositions faites au cercle contre les journées de Saint-Cloud, et leur auteur immortel.

NOTES JUSTIFICATIVES.

(1) Depuis quatre ans cent individus seulement
partagent à Toulouse l'honorable et terrible fonction de
prononcer sur l'honneur et la vie des citoyens traduits
devant le tribunal criminel du département! et cependant la liste générale des jurés d'accusation et de jugement est renouvelée, chaque trois mois, par l'administration centrale, et composée de quatre cents quarante-
six individus. Est-ce réellement le sort qui a appelé sans
cesse les mêmes hommes aux fonctions de juré? ou
bien est-ce un acte concerté? Je prie le citoyen *Gratian*,
président du tribunal criminel, et *Gasc*, son greffier,
de donner la solution de ce problême. Si nous ne
sommes pas d'accord sur ce mystère, ils me permet-
tront de dire et de prouver ce que je sais sur cet objet. Tout ce qu'il y a de bien vrai, c'est qu'il est impossible de trouver des hommes (cinq ou six excep-
tés, et qu'on choisit pour bonnes raisons) qui soient
plus immoraux, pour ne rien dire davantage, que ceux
qui siégent constamment comme jury de jugement au
tribunal criminel du département de la Haute-Garonne. Les procès-verbaux du tirage du sort et les jugemens rendus sur leurs déclarations, établissent incontestablement cette vérité. Ce qu'il y a de plus singulier
dans tout ceci, c'est qu'aucun accusateur public n'a jamais osé faire sur aucune liste générale les récusations
que la loi lui permet de faire, et je défie qu'on puisse
exhiber un seul procès-verbal de récusation.

Qu'ils sont à plaindre ceux que la passion et le délire

révolutionnaire traduisent devant le tribunal criminel !
C'est alors que le choix des jurés est plus scrupuleuse-
ment observé. J'ai vu dans la procédure du citoyen
Linas du Mas Verdun, le citoyen Costes, boulanger à
Toulouse, et chef du jury, briser la plume qui lui avoit
servi à écrire sa déclaration, et se donner des coups de
poings à la tête, parce qu'on lui dit que, d'après la déclaration du jury et la loi, Linas ne seroit condamné qu'à
des peines correctionnelles : cet honnête jury dit que s'il
avoit été mieux instruit, il lui auroit fait porter quelques
livres de fer. *Ab uno disce omnes !*

(2) Après le 30 prairial les agens du Gouvernement
qui avoient eu le courage de faire leur devoir à Toulouse et dans les autres communes du département,
furent remplacés par l'ignorance la plus crasse et le jacobinisme le plus outré. Le commissaire du Directoire exécutif près le tribunal correctionnel de *Castel-Sarrazin*
ayant appris le soulèvement de la commune de *Saint-
Nicolas-de-la-Grave* se mit à la tête de la force armée,
et marcha contre les insurgés. En revenant de l'expédition, il trouva chez lui sa révocation. Le citoyen *Figuery*
est républicain ; mais il n'est pas jacobin.

(3) Pour établir ce fait, il nous suffira de dire que
le 16 pluviôse dernier, le Ministre de la justice, sur les
plaintes qui lui avoient été portées, qu'une bande de
coupe-jarrets tenoient les habitans de Toulouse dans la
plus grande contrainte ; que les plaintes portées chaque
jour contre eux demeuroient impoursuivies ; que des
procès-verbaux même constatant des délits dont ils
s'étoient rendus coupables, avoient disparu, donna les

ordres les plus précis pour faire cesser les **réclamations** ;
et Dieu sait comment les ordres furent exécutés ; les
fonctions de commissaire du Directoire près le tribunal
correctionnel étoient alors confiées provisoirement par
le tribunal à un nommé *Fabié* , juge-de-paix du deu-
xième arrondissement, protecteur des anarchistes, et
qui pour convaincre le Ministre qu'il étoit bien dans le
cas de remplir ses vues, il lui allégua dans sa lettre en
réponse, qu'il avoit été victime du terrorisme ; qu'il ne
pouvoit pas mieux s'adresser qu'à lui. Le fin mot de
tout ceci, c'est que Fabié vouloit être commissaire en
titre. Fabié, commissaire du Gouvernement près d'un
tribunal chargé de corriger les mœurs! lui qui vit publiquement avec une concubine, au mépris d'une
femme honnête chargée de plusieurs enfans....

Le tableau de la conduite de ce juge de paix est
celui de la plus grande partie de ses confrères de Toulouse, et notamment du citoyen *Sanegre*, qui, lors de
la loi du *maximum*, dénonça un citoyen pour n'avoir
pas fait une déclaration exacte du vin qu'il avoit dans sa
cave ; le fait se trouva vrai, l'accusé fut guillotiné, et
Sanegre exigea deux pièces de vin, qui devoient lui
revenir en sa qualité de dénonciateur. Ce vin fut principalement consacré aux orgies du citoyen Sanegre. Pendant tout le tems que ce vin dura, et toutes les fois qu'il
en buvoit avec ses amis, la principale santé étoit portée
en mémoire du guillotiné. Quel juge de paix, grands
Dieux !

(4) Il est notoire à Toulouse, et les faits sont constatés
par des procès-verbaux, que chaque année, quelques
jours avant les assemblées primaires, une bande de bâ-

fonneurs parcourent les différens quartiers de la commune pendant la nuit, en chantant des chansons terro-
rifiques qui expriment le sort réservé à certains citoyens,
s'ils se rendent aux assemblées primaires. En l'an 5, ces
courses nocturnes commencèrent au mois de nivôse.
Le 30 de ce mois, il y eut à Toulouse un carnage affreux. La procédure à laquelle il donna lieu, fut renvoyée, pour des raisons de politique, pardevant le directeur du jury de *Lectoure* : elle n'a jamais été terminée.

(5) Destrem ne peut pas ignorer ce fait ; il étoit
alors commissaire du Directoire près l'administration
municipale de Toulouse ; d'ailleurs le contestât-il, les
procès-verbaux existent.

(6) L'hospice Christophe Colomb fut dépouillé en
l'an 6 d'une immense quantité de plomb. L'administration de cet hospice en porta plainte au citoyen Fabié,
juge-de-paix de l'arrondissement, qui n'a jamais fait aucune poursuite, parce que non-seulement le voleur
étoit un frère et ami, mais encore parce qu'il fut sollicité par plusieurs personnes en faveur du coupable,
et notamment par le citoyen *Piquepé*, aujourd'hui administrateur municipal, qui avoit acheté une partie du
plomb volé, etc. etc.

Un nommé Simon Lagarde, cultivateur du lieu de
la Lande, n'étant pas aimé de quelques citoyens de
Blaignac, fut atteint, le 3 vendémiaire an 6, d'un coup
de fusil, et blessé grièvement aux reins. Le coup de
fusil partit du milieu d'un rassemblement de six personnes, parmi lesquelles une étoit décorée d'une
écharpe tricolore. Le blessé se fit conduire chez le
juge-de-paix *Vignaux*, qui reçut la plainte. Ce juge

de paix a laissé cette plainte impoursuivie pendant dix-huit mois ; ce ne fut que sur une dénonce faite par *Simon Lagarde*, que la conduite du juge-de-paix fut mise au jour. Par les renseignemens que l'on prit, il résulta qu'un frère et ami avoit fait le coup. Dès-lors la cause du silence du juge-de-paix fut connue ; il prétexta que ce délit n'ayant pas été commis dans son arrondissement, ce n'étoit pas à lui à le poursuivre ; mais dans ce cas il devoit renvoyer la plainte devant qui de droit. Il prétexta encore que *Simon Lagarde* ne lui ayant pas donné la liste des témoins, il n'avoit pas eu la faculté de poursuivre. Cette dernière défense ne valoit pas mieux que la première, parce que non-seulement Simon Lagarde lui avoit donné la liste des témoins, ainsi que cela résulte de sa déclaration envoyée au Ministre de la justice le 4 germinal dernier, mais parce qu'il devoit encore, lui juge-de-paix, se procurer les renseignemens dont il avoit besoin. La loi lui en faisoit un devoir. Comment auroit-il fait si le plaignant étoit mort du coup qui l'atteignit ? Ceci n'est encore qu'un des foibles torts du citoyen Vignaux.

(7) Parmi une immensité de procédures sur lesquelles il est intervenu mandat d'amener, et qui ne sont jamais parvenues à la direction du jury, quoique la loi en fasse un devoir au juge de paix, nous parlerons de celle instruite contre le citoyen Carpenté par le cit. Fabié.

Le citoyen *Carpenté*, salpêtrier, commissionné par le Gouvernement, se retirant chez lui dans le mois de brumaire de l'an 5, et vers les neuf heures du soir, fut assassiné aux tours du pont par une bande de bâtonneurs qui lui en vouloient depuis long-tems ; il reçut plusieurs coups, ainsi que le citoyen *Casalot* qui étoit avec lui. Il eut le bonheur de ne pas succomber ; il gagna de vîtesse, et se rendit chez le juge de paix pour lui porter sa plainte. Le juge de paix qui, à ce qu'on prétend, étoit avec les bâtonneurs au moment de l'action, la reçut; mais au lieu d'entendre les témoins désignés par *Carpenté*, il entendit en témoignage les assassins eux-mêmes; aussi il résulta un mandat d'amener contre Carpenté, plaignant. Celui-ci rendit son interrogatoire, et anéantit si victorieusement les inculpations qui étoient portées contre lui, que le juge de paix n'osa lancer de mandat d'arrêt : il fit plus ; il fit disparoître cette procédure, qui n'auroit pas manqué de lui attirer de vifs reproches du directeur du jury , et la prise à partie de la part du plaignant; elle n'a jamais été remise au greffe de la direction du jury. Le citoyen Carpenté a eu beau la réclamer, le citoyen *Fabié* a constamment resté sourd à ses demandes, sinon qu'il a répondu en avoir fait la remise dans le tems; mais s'il en avoit fait la remise, ainsi qu'il le dit, le registre des dépôts l'établiroit; et en supposant qu'on eût oublié d'en coucher l'acte, l'huissier qu'il chargea de ce dépôt en rapporteroit la décharge, etc. etc.

(8) Le commissaire du Directoire exécutif près le tribunal correctionnel prit des mesures avec le receveur de l'enregistrement. pour faire cesser cet abus. Le Ministre de la justice les approuva dans le mois de prairial. Ceci ne tombe pas sur tous les huissiers des juges de paix ; je loue le zèle et la probité de celui du cinquième arrondissement.

(9) Un fait suffira pour établir ce que nous avançons.

Dans le mois de floréal dernier, un prêtre ins rmenté fut arrêté dans la rue *Lacesquiére*, dans la maison du citoyen *Abadie*. Une ex-religieuse, la citoyenne *Descazeaux*, avoit son logement dans la même maison ; elle y étoit reçue à titre d'hospitalité ; elle n'étoit conséquemment ni locataire, ni principal locataire, ni propriétaire de la maison où fut trouvé le prêtre ; la loi donc ne pouvoit l'atteindre ; cependant il plut au cit. *Sanegre*, juge de paix, de lancer un mandat d'arrêt contre elle, de cela seul qu'elle étoit ex-religieuse, et de la faire gémir près d'une décade dans les fers. Le mandat d'arrêt fut annullé, et l'ordonnance rendue à cet effet par le directeur du jury transmise à ce juge de paix, afin qu'il procédât à la levée des scellés. Eh bien ! le croira-t-on ? ce ne fut qu'avec la dernière répugnance, et après y avoir été invité plusieurs fois officiellement par le commissaire près le tribunal correctionnel, que le cit. *Sanegre* exécuta cette ordonnance. On pourroit citer mille faits semblables.

(10) Celui précisément du juge de paix *Fabié* étoit déserteur ; voici une lettre écrite à son sujet par le commissaire central à son collègue près le tribunal correctionnel, du 7 prairial.

« En exécution de la lettre du Ministre de la justice,
« du 15 floréal dernier, de laquelle vous m'avez trans-
« mis copie le 24 du même mois, j'ai mandé venir à
« mon bureau le citoyen *Malis-Laprairie*, ex-greffier
« du juge de paix du second arrondissement de Tou-
« louse. Vous verrez, citoyen, par son interrogatoire)

« dont copie est ci-jointe, que cet individu fait partie
« d'un corps armé, et qu'il va rejoindre son drapeau,
« etc. etc. »

« Signé *Camparan*, pour le commissaire.»

Fabié n'ignoroit pas cependant que son greffier
étoit déserteur; mais il devoit le protéger, parce qu'il
étoit du nombre des perturbateurs du repos public.

(11) Il suffit aux juges de paix de Toulouse, que les
citoyens appelés devant eux ou devant le tribunal correctionnel soient d'une opinion différente de la leur,
pour qu'ils soient condamnés, quelque droit qu'ils
aient ; d'ailleurs quand ils voudroient en agir autre-
ment, le pourroient-ils ? Leur salle d'audience, celle du
tribunal correctionnel sont toujours encombrées de
frères et amis, dont les regards leur dictent les jugemens.

(12) Ceci se prouve par l'inexécution de presque
tous les jugemens rendus par le tribunal correctionnel,
depuis près de quatre ans.

(13) Entre autres lettres écrites par le commissaire
du Directoire près le tribunal correctionnel de Toulouse, à plusieurs commissaires près les administrations
municipales de l'arrondissement, pour leur rappeler
l'arrêté du Directoire exécutif du 4 frimaire an 5, nous
en rapporterons une seule, qui prouvera que l'apathie
de différens commissaires a pu encore contribuer aux
troubles de la Haute-Garonne, et notamment à ceux
de *Cadours*, où la tranquillité publique a été vive-
ment troublée.

Du 14 messidor an 7.

Le commissaire du Directoire près le tribunal correctionnel de Toulouse,

A son collègue près l'administration municipale du
canton de Cadours.

« Je vous invite, citoyen commissaire, à jeter les
« yeux sur l'arrêté du Directoire exécutif du 4 frimaire
« an 5, et vous vous convaincrez qu'il vous fait un
« devoir de me faire connoître chaque décade la situa-
« tion de votre canton. Si vous aviez suivi l'esprit de
« cet arrêté, dans le mois dernier notamment, comme
« je vous y avois invité, vous m'auriez mis à même de
« provoquer des mesures de sûreté pour rappeler la
« tranquillité et la sécurité dans quelques communes
« de votre arrondissement, au même instant que les
» mauvais citoyens les en eurent bannies ; au lieu que
« je n'ai été instruit de leurs écarts que par la procé-
« dure qui a été instruite contre eux, lorsqu'on en a fait
« la remise au greffe de la direction du jury. »

Salut et fraternité.

Signé *Hinard.*

(14) Le jury d'accusation n'est jamais composé que
de frères et amis les plus distingués, les procès-verbaux
du tirage du sort de la direction du jury, le prouvent
sans réplique ; il est rare d'y voir un honnête homme
dans le nombre.

(15) Le 15 thermidor dernier, le commissaire du
Directoire près le tribunal correctionnel, le retraça au
Ministre de la justice.

(16) Et notamment les citoyens *Vignaux* et *Fabié*; le premier assura qu'il l'auroit déjà faite, s'il n'avoit pas cru trahir la confiance que ses concitoyens lui avoient donnée. Pourquoi ne disoit-il pas que des faisceaux de cannes et de bâtons lui avoient garantie.

(17) On avoit écrit franchement au Ministre de la justice, que le mal qu'on prévoyoit que le C.en Trebos feroit dans la place de directeur du jury à Toulouse, étoit fort à craindre ; on le représentoit, et avec raison, comme l'ame et le soutien du parti que le 18 brumaire a terrassé pour toujours. On ne laisoit pas au Ministre que les juges de paix l'attendoient avec impatience à ce poste important, pour reprendre leur ancien plan de conduite.

(18) Le C.en Trebos fut traduit deux fois en justice pour fait de vol ; les procédures existent dans le greffe du tribunal criminel. Je sais qu'une accusation n'est pas une preuve de délit, aussi je me garderai bien de prononcer sur le matériel du fait.

(19) Il est étonnant le nombre de mandats d'arrêt qui ont été lancés pendant la durée des fonctions du C.en Trebos, contre les citoyens les plus paisibles ; tandis qu'on laissoit répandre avec profusion des écrits contre le Gouvernement et le Corps législatif. Une lettre adressée au Ministre de la justice, le 5 prairial, établit ce fait. Le dépôt de ces écrits étoit chez un nommé *Auriol*, frère et ami distingué. La descente ne put y être faite, parce qu'on n'osa la confier à aucun juge de paix ; mais on ne balança pas d'en faire une chez un autre citoyen où l'on soupçonnoit un dépôt d'un livre.

ayant pour titre : *Mémoires pour servir à l'histoire du Jacobinisme* : le dépositaire fut arrêté et puni.

(20) Ainsi qu'on l'a vu, un arrêté du Directoire exécutif avoit provoqué la destitution des greffiers et commis-greffiers du tribunal correctionnel de Toulouse, comme protecteurs et chefs des anarchistes. A peine le C.^{en} Trebos fut-il installé, qu'il les réintégra dans leurs fonctions. Le commissaire protesta contre le délibéré pris à cet égard par le tribunal ; le commissaire fut dénoncé au C.^{en} *Destrem*, qui répondit au directeur du jury de se moquer de ces protestations, qu'il devoit passer outre, que si le commissaire y persistoit on *l'arrangeroit*. Le commissaire persista, parce c'étoit son devoir ; il fut destitué à la sollicitation du C.^{en} *Destrem*, sans considérer que ce commissaire avoit rempli à Toulouse des fonctions publiques pendant sept ans, sans avoir trahi un instant ses devoirs, sans considérer qu'il étoit pauvre parce qu'il n'avoit pas volé, et qu'il étoit père de famille. Ce commissaire fut remplacé par un nommé *Desplandi*, juge de paix, négociant de profession, ami intime du citoyen *Destrem* membre du cercle et de la commission d'instruction publique, établie dans son sein.

Je dois rendre hommage à la vérité. Le commissaire en protestant contre la délibération du tribunal, crut devoir rendre justice aux principes du citoyen *Lapujade*, greffier en chef du tribunal, et qui n'avoit été sans doute destitué que parce qu'il n'avoit pas eu le courage de renvoyer son commis *Garigues*, quoiqu'il fût instruit de ses principes désorganisateurs. Car il faut qu'on sache que *Garigues* disoit publiquement qu'il ne falloit

plus de Directoire ni de Corps législatif, qu'il falloit
une Convention nationale , que sans elle tout étoit perdu.
Du reste, ce *Garigues* étoit membre de la commission
nommée par le cercle pour surveiller les autorités constituées.

(21) Pendant long-tems, lorsque le travail le retenoit
trop tard dans ses bureaux, il fut obligé de se faire ac-
compagner chez lui.

(22) La majeure partie des employés du département
de la Haute-Garonne, sont membres du cercle constitutionnel, c'est dans ce sens qu'ils lui dictent des lois;
car depuis long-tems cette administration n'agit plus
que par l'impulsion du cercle. Ce n'est pas qu'il n'y ait des
employés qui ne soient exempts de tous reprohes; mais
ce n'est pas le plus grand nombre. Dans la commission
établie par le cercle pour surveiller les autorités constituées, on y compte des employés du département. Du
reste, par le *département*, on n'entend parler que de la
majorité des administrateurs. Les citoyens *Leygue* et
Camparan sont exempts de tout reproche.

(23) Il est impossible à un citoyen honnête de se
présenter à la municipalité de Toulouse, quelle que
soit l'affaire qui l'y emmène, sans éprouver toutes sortes
d'humiliations, tous les passages, toutes les salles sont
constamment encombrées par les plus mauvais sujets
de la commune; avant qu'il puisse pénétrer dans le
lieu des séances, il est lorgné, poussé, insulté même,
et souvent obligé de resortir au milieu des huées , sans
avoir pu parvenir auprès du magistrat, sous les yeux
duquel se passent journellement toutes ces indécences.

Si j'étois contredit , j'appellerois en témoignage une foule de citoyens à qui cela est arrivé et qui sont d'une autre moralité que ceux qui s'élèveront contre cette note.

Les commissaires de police qui dans ce moment sont en exercice , sont les mêmes qui furent destitués à si juste titre par l'ex-Directoire, comme anarchistes , et figurant constamment dans toutes les scènes qui affligent la société. L'administration centrale ne peut pas disconvenir de tous ces faits ; si elle dit un mot pour les contredire , je lui dirai d'ouvrir ses registres de correspondance (bureau de police), et de relire à la date du 21 nivôse an 7, une lettre par elle écrite à l'administration municipale de Toulouse, contre plusieurs de ces commissaires de police , qu'elle taxoit de souteneurs de tripots et d'escrocs. Ces mêmes commissaires de police sont encore aujourd'hui en fonctions.

(24) N'est-ce pas être en révolte ouverte contre le Gouvernement, que de s'adjoindre pour collaborateur un citoyen qui venoit depuis peu de jours d'être destitué par le Gouvernement, comme mauvais citoyen. Je n'entre pas dans le mérite du fond de cette destitution; je veux pour un moment qu'elle fût mal fondée, mais il n'appartenoit pas à l'administration de prononcer sur le bien ou le mal jugé ; l'arrêté du Directoire n'ayant pas été rapporté , il devoit être respecté. Du reste, les principes de cette municipalité seront connus lorsqu'on saura qu'elle proclama la loi sur les otages, au bruit répété du canon, et que les lois bienfaisantes des 18 et 19 brumaire dernier, furent publiées par un simple huissier (*Sempé*) , à qui l'âge et les infirmités ont à peine laissé l'usage de la voix.

(25) Quelques jours après l'installation du département, on dit au citoyen *Desbarreaux*, qu'on répan-
doit le bruit que les trois membres du département
destitués par l'ex-Directoire, et réélus par la fraction
de l'assemblée électorale se disant assemblée mère,
alloient être destitués de nouveau. *Desbarreaux* répondit : en tout cas, nous avons si bien rangé les choses,
que ceux qui nous remplaceront *auront bougrement du
fil à retordre*. Quel aveu terrible et lumineux sur les
causes de l'insurrection, sur-tout lorsqu'il est notoire
que depuis quelque tems il y avoit chaque jour des
conciliabules chez Caissel, président du département.

(26) Parmi les plus fougueux orateurs, on distinguoit
le citoyen *Cappé*, juge au tribunal civil du département,
fameux *prothée* en opinions politiques. Ce fut lui qui
fut la cause de l'arrestation de tous les citoyens du
canton de Muret, qui avoient joué un rôle dans la révolution, avant le 9 thermidor; il en porta la liste au
réprésentant du peuple *Laurence*, lors en mission à
Toulouse, en leur donnant à chacun quelque tort.
Laurence lui ayant demandé si ce qu'il avancoit étoit
vrai; il répondit : oui, représentant, j'en réponds sur ma
tête, et ils furent tous arrêtés. Parmi les autres orateurs
du cercle, on compte le trop fameux Double, constamment méprisé de tous les partis par plusieurs motifs
connus récemment de quelques Ministres. Cependant
cet homme, sur la présentation du citoyen *Destrem*, fut
nommé en remplacement du citoyen Gallias, commissaire près les tribunaux à Toulouse, qui n'avoit jamais
démérité et qui avoit la confiance de tous ses conci-

toyens. Il est à désirer que le nouveau Gouvernement lui rende justice.

Il ne faut pas oublier parmi les boutte-feu du cercle, le citoyen Fedas, greffier du tribunal criminel, qui écrivit en l'an 3 contre les patriotes.

(27) Après le 30 prairial, on disoit tout haut à Toulouse, dans les cafés, dans les places publiques et notamment au cercle, qu'il falloit une Convention, que les législateurs étoient des lâches d'avoir épargné **un** seul directeur, qu'il n'en falloit plus, qu'il falloit **un** Gouvernement révolutionnaire. Ce fut bien pis, le 23 brumaire dernier, lorsqu'on apprit la journée du 18 brumaire, le cercle fut extraordinairement convoqué; les orateurs se pressent à la tribune et émettent les propositions les plus extravagantes; jusque-l'a, que le citoyen Arthaud l'aîné proposa de déclarer le général Bonaparte traître à la patrie, et de se porter dans les maisons où étoient détenus les otages pour les égorger. Il fut appuyé, mais le général Fregeville étoit là, et les malheureux otages n'eurent rien à craindre.

(28) Cette adresse se trouve dans le n.° 27 du journal de Toulouse, sous la date du 24 brumaire dernier. Depuis 1789, on n'a pas écrit avec autant de force **et** de principes aussi anarchiques.

Cela ne doit pas surprendre : on ne juroit au cercle que par *Destrem*, c'est lui qui leur donnoit le mouvement, la preuve se trouveroit dans sa correspondance avec *Desbarreaux*, *Trebos* et autres frères et amis, s'ils avoient la loyauté de la publier, et sur-tout dans les lettres des 9 et 13 brumaire dernier, dans lesquelles ils les prévenoit d'un très-prochain mouvement ; il devoit

.consister à déclarer Barras protecteur de la France, et à rétablir les comités révolutionnaires , etc. etc. **Si** *Destrem* vouloit contester que ce ne fussent là ses principes, je lui répondrois qu'il n'est plus tems de dissimuler ; que Bertrand du Calvados, le général Jourdan et Augereau même, ont rendu compte des conciliabules qui s'étoient tenus chez lui *Destrem* à Paris, à ce sujet , quelques jours avant le 18 brumaire.

Le rédacteur du journal de Toulouse , est un employé du département : quel jugement doit-on porter sur les administrateurs !

(29) Une preuve manifeste que les autorités constituées à Toulouse, savoient tout ce qui se passoit à cet égard, c'est que le commissaire du Directoire près le tribunal correctionnel, ayant cru devoir faire un réquisitoire au directeur du jury *Trebos*, pour qu'il se transportât de suite dans les communes où ces délits avoient été commis à l'effet d'y faire sans désemparer les procédures que les circonstances exigeoient, le directeur du jury s'y refusa sous différens prétextes. Ce réquisitoire est couché sur le registre de correspondance du commissaire. Le co mmissaire du Directoire près l'administration municipale de Montastruc , travailloit avec plus de loyauté. Zélé dans ses devoirs, il poursuivit avec courage les auteurs de ces délits atroces ; mais ses démarches furent vaines. Oh ! combien elles ne l'auroient pas été, s'ils avoient eu des royalistes pour auteurs ; ils auroient été découverts, quelqu'asile qu'ils eussent choisi ; les vrais coupables ne le furent jamais. Comment même les auroit-on soupçonnés de crime, ils parloient peut-être *vertu* à la tribune populaire ,

au moment où l'on suivoit la trame de l'assassinat politique qu'ils avoient commis. Il ne sera pas hors de
propos de rapporter encore une lettre du commissaire
du Directoire près le tribunal correctionnel, à son collègue près cette derniere administration, qui prouvera
combien il auroit voulu connoître les vrais coupables.

Toulouse, le 29 Messidor, an 7
de la République française.

Le Commissaire près le tribunal correctionnel de
Toulouse,

A son collègue près l'administration municipale du
canton de Montastruc.

Le zèle que vous mettez dans l'exercice de vos
fonctions, citoyen Commissaire, m'est un sûr garant
que vous emploierez tous les moyens qui sont en votre
pouvoir pour découvrir les auteurs, fauteurs et complices
des deux délits qui font l'objet de votre lettre de ce
jour, et que je viens de transmettre au Commissaire
du Directoire près l'administration centrale du département (il s'agissoit de l'arbre de la liberté arraché
et des croix dressées à la place). Leur répression inté-
resse trop la société, pour ne pas désirer que la justice
atteigne les coupables ; je vous invite à redoubler de
surveillance pour les lui assurer, et de me faire connoître
le résultat de vos démarches.

Salut et fraternité,
HINARD.

(30) Et dont la majeure partie avoit figuré après le
9 thermidor, devant les tribunaux, comme dilapi-
dateurs de la fortune publique : l'amnistie les sauva.

(31) Ces détachemens, non contens de ravager et de piller tout ce qui en étoit susceptible sur leur passage, se portèrent même à incendier les propriétés ; le ci-devant château du citoyen Dolive, situé à *Quint*, après avoir été entièrement dépouillé, fut livré aux flammes. On observera que tous ces actes de férocité se passèrent en marchant contre les insurgés, et avant même de les avoir vus.

(32) Les insurgés, ou plutôt les paysans qu'on avoit fait soulever, n'ont été réellement constitués en état de défense, que vers le milieu de la troisième décade de thermidor ; et ceci se passoit dans les premiers jours de cette décade.

(33) Les détachemens de Toulouse trouvèrent toutes les habitations désertes.

(34) Je sais que la mauvaise foi leur suggérera pour moyen de défense, de représenter comme ayant été pris sur ce prétendu ennemi, tout ce qui résulta du désarmement fait à Toulouse chez différens particuliers, en exécution d'une ordonnance du directeur du jury, du 11 thermidor. Mais outre qu'il est notoire que les paysans de *Pui-David* n'étoient pas armés, et que les armes qu'on représenteroit leur seroient étrangères, c'est qu'à peu-près à cette époque les campagnes ayant été désarmées (on ne sait en vertu de quel ordre), elles ont été naturellement dans l'impuissance de s'armer, puisque les armes qu'elles pouvoient avoir leur avoient été enlevées. Ce désarmement n'accuse-t-il pas encore les frères et amis d'être les auteurs du soulèvement ?

(35) Entre autres assassinats qui se commirent à Montgiscard, nous citerons celui du citoyen *Labroquere*, fils de l'ex-professeur en droit, qui fut égorgé dans sa chambre, et ensuite pillé. On ne pourra pas dire que cet infortuné jeune homme fut du nombre des insurgés, puisqu'il étoit retenu depuis long-tems dans sa chambre pour cause de maladie, et que d'un autre côté n'ayant qu'une jambe, il lui auroit été impossible, quand bien même il en auroit eu le dessein, de se ranger sous les drapeaux d'aucun parti.

(36) Je puis attester, et avec moi une foule de vrais républicains de Blaignac, que ces deux infortunés, victimes de la rage jacobite, étoient les meilleurs citoyens de leur commune, ne s'étant jamais écartés des devoirs de l'homme en société. Je puis donner cette assurance, ayant été rapproché d'eux par mes fonctions. Leur crime sans doute ne fut pas d'avoir été arrêtés avec les insurgés; car ils ont dû sans doute établir qu'ils avoient été forcés de suivre ceux de Colomiers, lorsque ceux-ci s'emparèrent de Blaignac. Le jacobinisme et l'immoralité de Tireuil, juge de paix de Blaignac, a dû leur être plus funeste.

(37) Tout le tems que le général Pinon a commandé à Toulouse, la tranquillité publique s'y est maintenue; mais à peine Aubugeois l'eut-il remplacé, que Toulouse fut entièrement livrée aux mille et une extravagances des frères et amis. Le citoyen Rabaud, délégué du Gouvernement à Toulouse, doit en avo déjà les preuves.

(38) Le département du Gers.

(39) Parmi les objets qui composèrent le lot du général Aubugeois, se trouva une superbe voiture à
quatre roues ; celui à qui elle a été enlevée, a dit depuis qu'il en avoit fait présent au général ; l'on sent bien
le motif de cette déclaration ; du reste le domestique du
général eut part également au pillage.

On ne parle pas des pillages et assassinats commis à
Verdun-sur-Garonne, ni des fusillades exécutées à
Saint-Sardos, lors de la seconde sortie du général Aubugeois, et par ses ordres : on y pleure encore des
jeunes gens de quinze à seize ans fusillés sur la place,
et des vieillards assassinés dans les champs comme ils
fuyoient les outrages d'une soldatesque effrénée, etc. etc.

(40) Plusieurs gardes nationaux qui n'étoient pas
instruits des dispositions du général contre les pillards,
désertèrent les rangs. Point de pillage, point d'hommes,
disoient-ils. Ce fait s'est passé sur le quai *Dillon* ; il
seroit attesté par deux cents témoins.

(41) L'arrêté de destitution est du 26 thermidor dernier ; il fut sollicité par *Destrem*, qui trompa le Gouvernement en leur attribuant des torts qu'ils n'avoient pas, à
moins qu'à cette époque ce fût un grief de ne pas
partager ses principes anarchiques ; ce qui n'est pas à
présumer.

FIN.

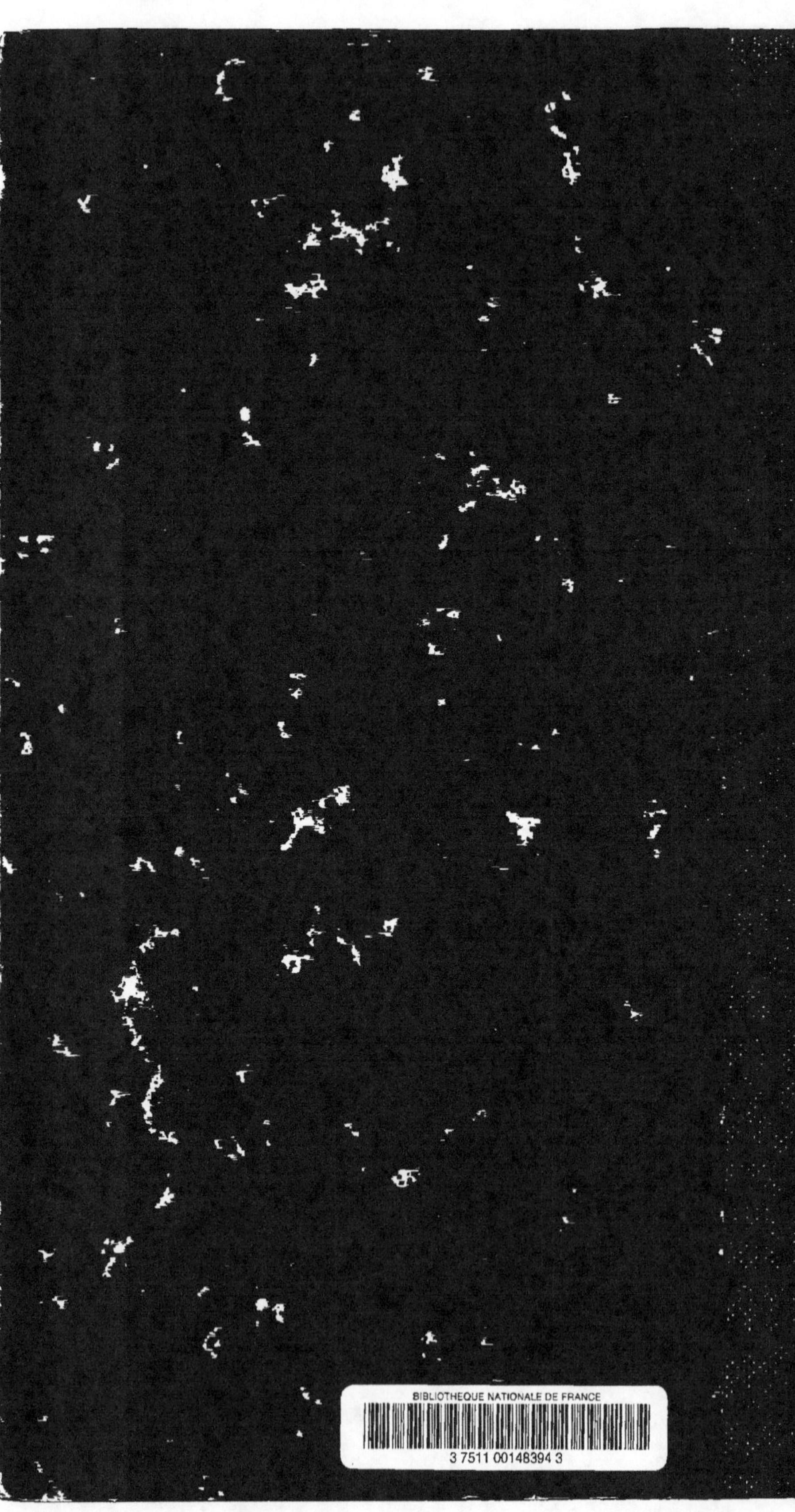

www.ingramcontent.com/pod-product-compliance
Lightning Source LLC
Chambersburg PA
CBHW051236030726
47595CB00003B/935